Ted, der Dackel.

Ted, the dachshund/Ted le teckel/Ted, el perro salchicha
Il bassotto Ted/Ted de tekkel/Ted, a tacskó

Design 79339
1. Bademantel/Dressing gown/Peignoir de bain Albornoz/Accappatoio Badjasje/Fürdőköpeny
18 Monate/Months/Mois Meses/Mesi/Maanden Hónapok

2. Ärmellätzchen/Bib with sleeves/Bavette avec manches/Babero con mangas Bavaglino con maniche Slabbetje met mouwen Ujjas előke
40 × 49 cm/16 × 19 in

3. Lätzchen/Bib/Bavette Baberoi/Bavaglinoi Slabbetje/Előke
30 × 34 cm/12 × 13 in

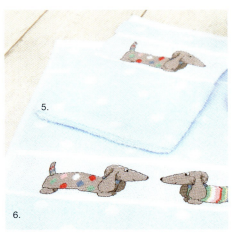

4. Kapuzentuch / Hooded
bath towel / Sortie be bain
Pañuelo de caperuza
Canovaccio a cappuccio
Babycape / Kapucnyis kendő
80 × 70 cm / 32 × 28 in

5. Waschhandschuh / Wash
mitten / Gant de toilette / Ma-
nopla / Spugnetta / Washand-
schoen / Mosókesztyű
15 × 21 cm / 6 × 8 in

6. Waschlappen / Wash
cloth / Lavette / Manopla de
baño / Strofinaccio / Washand-
je / Mosókesztyű
30 × 30 cm / 12 × 12 in

Seite 42 / Page 42 / Página 42
Pagina 42 / Oldal 42

Die kleinen Mäuschen.

The little mice / Les petites souris / Los ratoncitos / I piccoli topini / De kleine muisjes / A kisegerek

1. Bademantel / Dressing gown / Peignoir de bain
Albornoz / Accappatoio / Badjasje / Fürdőköpeny
18 Monate / Months / Mois / Meses / Mesi / Maanden
Hónapok

2. Waschhandschuh / Wash mitten / Gant de toilette
Manopla / Spugnetta / Washandschen / Mosókesztyű
15 × 21 cm / 6 × 8 in

3. Waschlappen / Wash cloth / Lavette / Manopla de
baño / Strofinaccio / Washandje / Mosókesztyű
30 × 30 cm / 12 × 12 in

4. Lätzchen / Bib / Bavette / Baberoi / Bavaglinoi
Slabbetje / Előke
30 × 34 cm / 12 × 13 in

5. Kapuzentuch / Hooded bath towel / Sortie be bain
Pañuelo de caperuza / Canovaccio a cappuccio
Babycape / Kapucnyis kendő
80 × 70 cm / 32 × 28 in

Seite 46 / Page 46 / Página 46 / Pagina 46 / Oldal 46

Design 79340
Ärmellätzchen/Bib with sleeves/Bavette avec manches/Babero con mangas/Bavaglino con maniche/Slabbetje met mouwen/Ujjas előke
40 × 49 cm/16 × 19 in

Pünktchen.

Dots / Petits pois / Puntitos / Puntini / Stippel / Pici

Design 79340

1. Bademantel / Dressing gown / Peignoir de bain Albornoz / Accappatoio Badjasje / Fürdőköpeny
18 Monate / Months / Mois Meses / Mesi / Maanden Hónapok

Seite 46 / Page 46
Página 46 / Pagina 46
Oldal 46

2.

3.

Design 79342

2. Gästehandtuch / Guest towel / Serviette invitée / Toalla de invitados / Asciugamano ospiti / Gastendoek / Vendégtörülközö
30 × 50 cm / 12 × 20 in

Seite 55 / Page 55
Página 55 / Pagina 55
Oldal 55

3. Handtuch / Hand towel Serviette / Toalla / Asciugamano / Handdoek / Törülköz
50 × 100 cm / 20 × 39 in

Seite 56 / Page 56
Página 56 / Pagina 56
Oldal 56

Design 79337
Ärmellätzchen / Bib with sleeves / Bavette avec manches / Babero con mangas Bavaglino con maniche Slabbetje met mouwen Ujjas előke
40 × 49 cm / 16 × 19 in

Seite 40 / Page 40
Página 40 / Pagina 40
Oldal 40

Design 79336
Handtuch / Hand towel Serviette / Toalla / Asciugamano / Handdoek / Törülköz
50 × 100 cm / 20 × 39 in

Seite 52 / Page 52
Página 52 / Pagina 52
Oldal 52

Design 79336
Gästehandtuch / Guest towel / Serviette invitée Toalla de invitados / Asciugamano ospiti / Gastendoek / Vendégtörülközö
30 × 50 cm / 12 × 20 in

Seite 54 / Page 54
Página 54 / Pagina 54
Oldal 54

Design 79337
Bademantel/Dressing gown/Peignoir de bain
Albornoz/Accappatoio
Badjasje/Fürdőköpeny

18 Monate/Months/Mois
Meses/Mesi/Maanden
Hónapok

Seite 40/Page 40
Página 40/Pagina 40
Oldal 40

Petits Amis.

Kleine Freunde / Little friends / Amiguitos
Piccoli amici / Kleine vrienden / Kis barátok

Design 79337
1. Lätzchen / Bib / Bavette Baberoi / Bavaglinoi Slabbetje / Előke
30 × 34 cm / 12 × 13 in

2. Kapuzentuch / Hooded bath towel / Sortie be bain Pañuelo de caperuza Canovaccio a cappuccio Babycape / Kapucnyis kendő
80 × 70 cm / 32 × 28 in

Seite 40 / Page 40
Página 40 / Pagina 40
Oldal 40

3. Waschlappen / Wash cloth / Lavette / Manopla de baño / Strofinaccio / Washandje / Mosókesztyű
30 × 30 cm / 12 × 12 in

4. Waschhandschuh / Wash mitten / Gant de toilette / Manopla / Spugnetta / Washandschoen / Mosókesztyű
15 × 21 cm / 6 × 8 in

Seite 40 / Page 40
Página 40 / Pagina 40
Oldal 40

2.

3.

4.

Heute ist „Bruno-Waschtag".

Today is "Bruno wash day"/Aujourd'hui je toilette Bruno/Hoy es el „dia de baño de Bruno"/Oggi è „il giorno del bucato di Bruno"/Vandaag is het „Bruno-wasdag"/Bruno nagy napja

Design 79338
Waschhandschuh
Wash mitten/Gant de toilette/Manopla/Spugnetta/Washandschoen/Mosókesztyű
15 × 21 cm/6 × 8 in

Seite 44/Page 44
Página 44/Pagina 44
Oldal 44

Design 79338
Bademantel/Dressing gown/Peignoir de bain Albornoz/Accappato o Badjasje/Fürdőköpeny
18 Monate/Months/Mois Meses/Mesi/Maanden Hónapok

Seite 44/Page 44
Página 44/Pagina 44
Oldal 44

Design 79338

1. Kapuzentuch/Hooded
bath towel/Sortie be bain
Pañuelo de caperuza
Canovaccio a cappuccio
Babycape/Kapucnyis kendő
80 × 70 cm/32 × 28 in

2. Lätzchen/Bib/Bavette
Baberoi/Bavaglinoi
Slabbetje/Előke
30 × 34 cm/12 × 13 in

3. Ärmellätzchen/Bib with
sleeves/Bavette avec manches/Babero con mangas
Bavaglino con maniche
Slabbetje met mouwen
Ujjas előke
40 × 49 cm/16 × 19 in

Seite 44/Page 44
Página 44/Pagina 44
Oldal 44

Kleine Schätzchen.

Little treasure / Petits trésors / Pequeños tesoros / Piccoli tesori / Kleine schatjes
Csöppségek

Design 79352
1. Halstuch / Scarf
Foulard / Pañuelo
de cuello / Foulard
Halsdoek / Sálkendő
32 × 68 cm
13 × 27 in

Seite 32 / Page 32
Página 32 / Pagina 32
Oldal 32

Design 79353
2. Halstuch / Scarf
Foulard / Pañuelo
de cuello / Foulard
Halsdoek / Sálkendő
32 × 68 cm
13 × 27 in

Seite 32 / Page 32
Página 32 / Pagina 32
Oldal 32

Design 79356
3. Kissen / Cushion
Coussin / Almohada
Cuscino / Kussen / Párna

50 × 35 cm
20 × 14 in

Seite 36 / Page 36
Página 36 / Pagina 36
Oldal 36

Design 79360
4. Kissen / Cushion
Coussin / Almohada
Cuscino / Kussen / Párna

18 × 21 cm
7 × 8 in

Seite 31 / Page 31
Página 31 / Pagina 31
Oldal 31

4.

Design 79343

Bild / Picture
Tableau / Cuadro
Quadro / Beeld
Kép
26 × 26 cm
10 × 10 in

Seite 34 / Page 34
Página 34 / Pagina 34
Oldal 34

Design 79344
Kissen / Cushion
Coussin / Almohada
Cuscino / Kussen / Párna
40 × 40 cm / 16 × 16 in

Seite 34 / Page 34
Página 34 / Pagina 34
Oldal 34

Design 79346
Heftumschlag / Envelope
Enveloppe / Sobre / Busta / Envelop / Boríték
16,5 × 23 cm / 6,5 × 9 in

Seite 48 / Page 48
Página 48 / Pagina 48
Oldal 48

Gesticktes Alphabet.

Embroidered alphabet / Alphabet brodé / Alfabeto bordado
L'alfabeto ricamato / Geborduurd alfabet / Himzett ABC

1. Design 79357
Kissen / Cushion
Coussin / Almohada
Cuscino / Kussen / Párna
25 × 25 cm / 10 × 10 in

2. Design 79358
Kissen / Cushion
Coussin / Almohada
Cuscino / Kussen / Párna
25 × 25 cm / 10 × 10 in

Seite 30 / Page 30
Página 30 / Pagina 30
Oldal 30

3. Design 79347
Heftumschlag / Envelope
Enveloppe / Sobre / Busta
Envelop / Boríték
16,5 × 23 cm / 6,5 × 9 in

4. Design 79348
Heftumschlag / Envelope
Enveloppe / Sobre / Busta
Envelop / Boríték
16,5 × 23 cm / 6,5 × 9 in

Seite 33 / Page 33
Página 33 / Pagina 33
Oldal 33

5. Design 79359
Alphabet/Alfabeto
Alfabet/Ábécé

Seite 58/Page 58
Página 58/Pagina 58
Oldal 58

6. Design 79355
Kissen/Cushion
Coussin/Almohada
Cuscino/Kussen/Párna
18 × 21 cm / 7 × 8 in

Seite 31/Page 31
Página 31/Pagina 31
Oldal 31

7. Design 79345
Gästehandtuch/Guest towel/Serviette invitée
Toalla de invitados/Asciugamano ospiti/Gastendoek/Vendégtörülköző
30 × 50 cm / 12 × 20 in

Seite 49/Page 49
Página 49/Pagina 49
Oldal 49

Design 79341
1. Bademantel/Dressing gown/Peignoir de bain Albornoz/Accappatoio Badjasje/Fürdőköpeny
18 Monate/Months/Mois Meses/Mesi/Maanden Hónapok

Seite 38/Page 38
Página 38/Pagina 38
Oldal 38

2. Waschhandschuh/Wash mitten/Gant de toilette/Manopla/Spugnetta/Waschandschoen/Mosókesztyű
15 × 21 cm / 6 × 8 in

3. Waschlappen/Wash cloth/Lavette/Manopla de baño/Strofinaccio/Washandje/Mosókesztyű
30 × 30 cm / 12 × 12 in

Design 79341
1. Kapuzentuch / Hooded
bath towel / Sortie be bain
Pañuelo de caperuza
Canovaccio a cappuccio
Babycape / Kapucnyis kendő
80 × 70 cm / 32 × 28 in

Seite 38 / Page 38
Página 38 / Pagina 38
Oldal 38

Design 79345
Handtuch / Hand towel
Serviette / Toalla / Asciuga-
mano / Handdoek / Törülköz
50 × 100 cm / 20 × 39 in

Seite 50 / Page 50
Página 50 / Pagina 50
Oldal 50

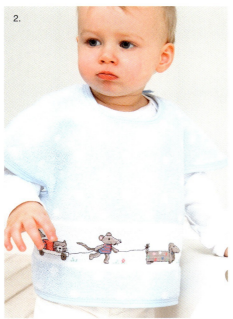

2. Ärmellätzchen / Bib with
sleeves / Bavette avec man-
ches / Babero con mangas
Bavaglino con maniche
Slabbetje met mouwen
Ujjas előke
40 × 49 cm / 16 × 19 in

3. Lätzchen / Bib / Bavette
Baberoi / Bavaglinoi
Slabbetje / Előke
30 × 34 cm / 12 × 13 in

„Mein neues, kleines, weißes Lätzchen."

My little, new, white bib / Ma jolie petite bavette blanche toute neuve / Mi nuevo, pequeño y blanco babero
Il mio nuovo, piccolo, bianco bavaglino / Mijn nieuw, klein, wit slabbetje / Az új fehér előkém

Design 79351
Lätzchen / Bib / Bavette
Baberoi / Bavaglinoi
Slabbetje / Előke
23 × 28 cm / 9 × 11 in

Seite 39 / Page 39
Página 39 / Pagina 39
Oldal 39

Design 79349
Lätzchen / Bib / Bavette
Baberoi / Bavaglinoi
Slabbetje / Előke
23 × 28 cm / 9 × 11 in

Seite 48 / Page 48
Página 48 / Pagina 48
Oldal 48

Design 79350
Lätzchen / Bib / Bavette
Baberoi / Bavaglinoi
Slabbetje / Előke
23 × 28 cm / 9 × 11 in

Seite 43 / Page 43
Página 43 / Pagina 43
Oldal 43

Kleine Stickschule

Embroidery instructions / Petites leçons de broderie / Pequena escuela de bordar
Guida di ricamo / Borduurtechnieken / Hímzési utasítások

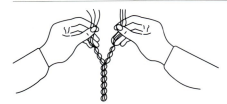
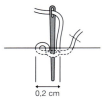

D 3-fädig sticken: Beachten Sie diesen Hinweis nicht, wird das Stickgarn nicht ausreichen. Die Stickerei sollte in einem Stickrahmen ausgeführt werden.

GB Embroider with 3 strands of thread. If you do not follow this instruction, you will not have enough thread to complete your work. Use a hoop for embroidery.

FR Broder avec 3 brins: si vous ne suivez pas cette recommandation, vous n'aurez pas assez de fil à broder. Il est conseillé de tendre l'ouvrage à broder sur un cadre.

ES Bordar con 3 hilos: Si no se observa esta indicación el hilo de bordar no será suficiente. Les recomendamos bordar con un bastidor.

IT Ricamare con 3 fili. In caso contrario il filo non è sufficiente. Ricamare con un telaio da ricamo.

NL U borduurt met gesplitst garen n.l. 2 draadjes: Borduren in een borduurringis aan te bevelen, zeker bij voorgetekende motiefen.

HU Az osztott hímző 3 ágával hímezzen. Ha nem követi az utasítást, akkor nem lesz elegendő az előírt fonalmennyiség. Használjon hímzőkeretet.

D Den Befestigungsstich fest anziehen und den überstehenden Restfaden abschneiden.

GB Starting and finishing: Pull the stitch tightly to secure and cut off the end of thread remaining on the right side.

FR Point d'arrêt: Bien serrer le point d'arrêt et couper le fil dépassant.

ES Punto de fijación: Sujetar el punto de fijación sólidamente y cortar el hilo sobrante.

IT Punto di fissaggio: Tirare il punto e tagliare il filo sporgente.

NL Vastzetten van het garen: De steek goed aantrekken en garenrest wegknippen.

HU Kezdés és befejezés: A megerősítő öltést húzza meg erősen, és a színoldalon megmaradó fonalvéget vágja le.

D Sticktwist und Garnverbrauch in ganzen Metern.

GB Amount of thread required in metres.

FR Fournitures métrage.

ES Hilo de bordar y cantidades indicadas enmadejas metros.

IT Occorrente di filato da ricamo a metri.

NL Benodigd garen in meters.

HU A szükséges mennyiség méterben megadva.

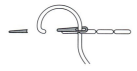 

D Steppstich	**D** Kreuzstich	**D** Knötchenstich
GB Back stitch	**GB** Cross stitch	**GB** French knot
FR Point arrière	**FR** Point de croix	**FR** Point de noeud
ES Pespunte	**ES** Punto de cruz	**ES** Punto de nudos
IT Trapunto	**IT** Punto croce	**IT** Punto nodini
NL Stiksteek	**NL** Kruissteek	**NL** Knoopjessteek
HU Visszaöltés	**HU** Keresztszemes hímzés	**HU** Francia csomó

D Konturen/Steppstich	**D** Motiv-Mitte	**D** Stickbeginn
GB Outlines/Back stitch	**GB** Centre of design	**GB** Start of embroidery
FR Contours/Point arrière	**FR** Centre du motif	**FR** Début de la broderie
ES Contornos/Pespunte	**ES** Centro del motivo	**ES** Comienzo del bordado
IT Contorni/Trapunto	**IT** Centro del motivo	**IT** Inizio del ricamo
NL Omlijningen/Stiksteek	**NL** Midden van het motie	**NL** Borduurbegin
HU Kontúrok/Visszaöltés	**HU** A minta közep	**HU** Hímzéskezdés

D Stoffzuschnitt
GB Fabric piece
FR Coupe de tissu
ES Recorte de tela
IT Taglio stoffa
NL Geknipte stof
HU Anyag szabása

Design 79357 A
Kissen / Cushion / Coussin
Almohada / Cuscino
Kussen / Párna
25 × 25 cm / 10 × 10 in
No. 16232.15.92
✂ 27 × 53 cm / 11 × 21 in
No. 20073.00.12
✂ 5 × 27 cm / 2 × 11 in
No. 7004.50.35
✂ 27 cm / 11 in

Design 79358 B
Kissen / Cushion / Coussin
Almohada / Cuscino
Kussen / Párna
25 × 25 cm / 10 × 10 in
No. 16231.15.92
✂ 27 × 53 cm / 11 × 21 in
No. 20073.00.12
✂ 5 × 27 cm / 2 × 11 in
No. 7004.50.35
✂ 27 cm / 11 in

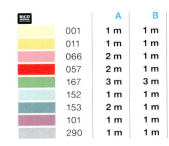

		A	B
	001	1 m	1 m
	011	1 m	1 m
	066	2 m	1 m
	057	2 m	1 m
	167	3 m	3 m
	152	1 m	1 m
	153	2 m	1 m
	101	1 m	1 m
	290	1 m	1 m

A+B

- **D** 2-fädig sticken.
- **GB** Stitch using 2 strands of embroidery thread.
- **FR** A broder avec 2 brins.
- **ES** Bordar con 2 hilos.
- **IT** Ricamare con 2 fili.
- **NL** Met 2 draadjes splijtgaren borduren.
- **HU** Az osztott hímző 2 ágával hímezzünk.

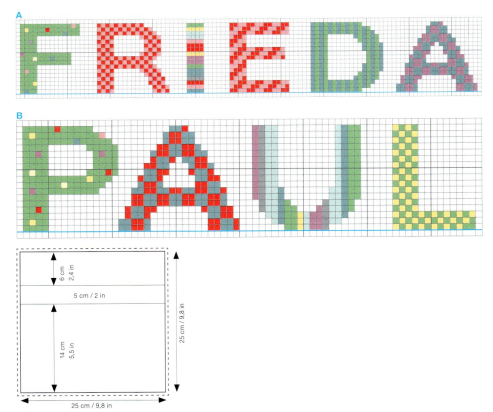

30

Design 79355 A
Kissen / Cushion / Coussin
Almohada / Cuscino
Kussen / Párna
18 × 21 cm / 7 × 8 in
No. 16232.15.92
✂ 50 × 22 cm / 20 × 9 in
No. 20072.00.12
✂ 3 × 22 cm / 1 × 9 in

Design 79360 B
Kissen / Cushion / Coussin
Almohada / Cuscino
Kussen / Párna
18 × 21 cm / 7 × 8 in
No. 16231.15.92
✂ 50 × 22 cm / 20 × 9 in
No. 20072.00.12
✂ 3 × 22 cm / 1 × 9 in

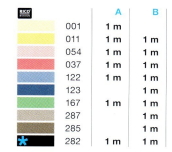

		A	B
	001	1 m	
	011	1 m	1 m
	054	1 m	1 m
	037	1 m	1 m
	122	1 m	1 m
	123		1 m
	167	1 m	1 m
	287		1 m
	285		1 m
✱	282	1 m	1 m

A+B

D 2-fädig sticken.
*Konturen 1-fädig.
GB Stitch using 2 strands of embroidery thread.
*Use 1 strand for back stitch.
FR A broder avec 2 brins.
*Contours avec 1 brin.
ES Bordar con 2 hilos.
*Contornos con 1 hilo.
IT Ricamare con 2 fili.
*Contorni con 1 filo.
NL Met 2 draadjes splijtgaren borduren. *Stiksteken met 1 draadje.
HU Az osztott hímző 2 ágával hímezzünk.
*Kontúrok 1 rétegben.

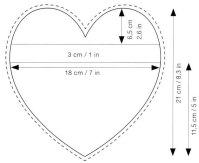

Design 79352
Halstuch / Scarf / Foulard
Pañuelo de cuello / Foulard
Halsdoek / Sálkendő
32 × 68 cm / 13 × 27 in
No. 16231.50.01

D 2-fädig sticken.
*Konturen 1-fädig.
GB Stitch using 2 strands of embroidery thread.
*Use 1 strand for back stitch.

FR A broder avec 2 brins.
*Contours avec 1 brin.
ES Bordar con 2 hilos.
*Contornos con 1 hilo.
IT Ricamare con 2 fili.
*Contorni con 1 filo.
NL Met 2 draadjes splijtgaren borduren. *Stiksteken met 1 draadje.
HU Az osztott hímző 2 ágával hímezzünk.
*Kontúrok 1 rétegben.

	001	1 m
	011	1 m
	054	1 m
	057	1 m
	122	1 m
	167	1 m
	287	3 m
	285	1 m
*	282	1 m

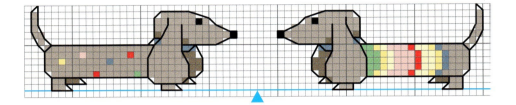

Design 79353
Halstuch / Scarf / Foulard
Pañuelo de cuello / Foulard
Halsdoek / Sálkendő
32 × 68 cm / 13 × 27 in
No. 16232.50.01

D 2-fädig sticken.
*Konturen 1-fädig.
GB Stitch using 2 strands of embroidery thread.
*Use 1 strand for back stitch.

FR A broder avec 2 brins.
*Contours avec 1 brin.
ES Bordar con 2 hilos.
*Contornos con 1 hilo.
IT Ricamare con 2 fili.
*Contorni con 1 filo.
NL Met 2 draadjes splijtgaren borduren. *Stiksteken met 1 draadje.
HU Az osztott hímző 2 ágával hímezzünk.
*Kontúrok 1 rétegben.

	001	1 m
	037	2 m
	057	1 m
	167	1 m
	122	1 m
	123	1 m
	287	2 m
	285	1 m
*	282	2 m

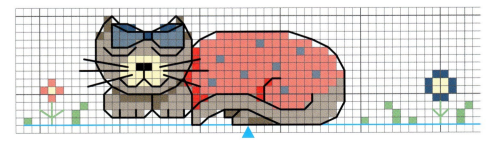

Design 79347
Heftumschlag/Envelope
Enveloppe/Sobre/Busta/Envelop/Boríték
16,5 × 23 cm/6,5 × 9 in
No. 16231.50.00

D   2-fädig sticken.
    *Konturen 1-fädig.
GB Stitch using 2 strands
    of embroidery thread.
    *Use 1 strand for back
    stitch.
FR A broder avec 2 brins.
    *Contours avec 1 brin.
ES Bordar con 2 hilos.
    *Contornos con 1 hilo.
IT Ricamare con 2 fili.
    *Contorni con 1 filo.
NL Met 2 draadjes splijtgaren borduren. *Stiksteken met 1 draadje.
HU Az osztott hímző 2
    ágával hímezzünk.
    *Kontúrok 1 rétegben.

	001	1 m
	054	1 m
	101	1 m
	152	1 m
	153	1 m
	166	1 m
	287	3 m
	288	1 m
	294	1 m
*	295	1 m

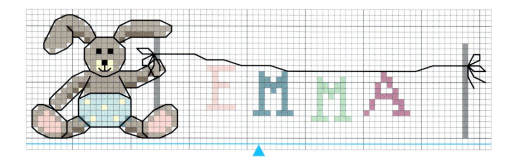

Design 79348
Heftumschlag/Envelope
Enveloppe/Sobre/Busta/Envelop/Boríték
16,5 × 23 cm/6,5 × 9 in
No. 16232.50.00

Stickvorlage Seite 58
Stitching pattern page 58
Instruction de broderie page 58
Patrón de bordado página 58
Schema ricamo pagina 58
Borduurpatroon pagina 58
Kötésminta oldal 58

D   2-fädig sticken.
GB Stitch using 2 strands
    of embroidery thread.
FR A broder avec 2 brins.
ES Bordar con 2 hilos.
IT Ricamare con 2 fili.
NL Met 2 draadjes splijtgaren borduren.
HU Az osztott hímző 2
    ágával hímezzünk.

	001	1 m
	011	1 m
	054	1 m
	037	2 m
	101	3 m
	122	1 m
	123	3 m
	167	2 m
	290	1 m

33

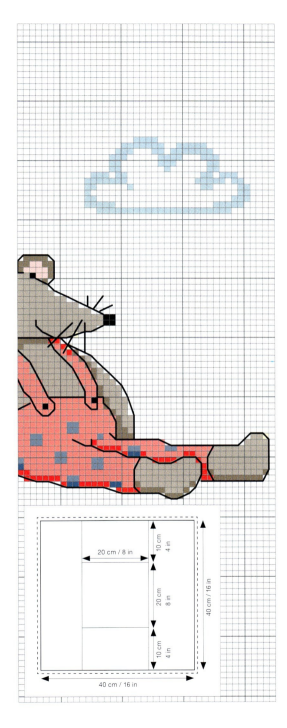

Design 79343 A
Bild / Picture / Tableau / Cuadro
Quadro / Beeld / Kép
26 × 26 cm / 10 × 10 in
No. 17562.15.94
✂ 40 × 40 cm / 16 × 16 in

Design 79344 B
Kissen / Cushion / Coussin
Almohada / Cuscino
Kussen / Párna
40 × 40 cm / 16 × 16 in
No. 17564.15.97
✂ 22 × 22 cm / 9 × 9 in
No. 16114.15.92
✂ 2× (22 × 12 cm / 9 × 5 in)
No. 16231.15.92
✂ 2× (12 × 42 cm / 5 × 17 in)
No. 16231.15.92
✂ 42 × 42 cm / 17 × 17 in
No. 7004.50.35
✂ 110 cm / 43 in

A
- **D** 2-fädig sticken.
- **GB** Stitch using 2 strands of embroidery thread.
- **FR** A broder avec 2 brins.
- **ES** Bordar con 2 hilos.
- **IT** Ricamare con 2 fili.
- **NL** Met 2 draadjes splijtgaren borduren.
- **HU** Az osztott hímző 2 ágával hímezzünk.

B
- **D** 1-fädig sticken.
- **GB** Stitch using 1 strand of embroidery thread.
- **FR** A broder avec 1 brin.
- **ES** Bordar con 1 hilo.
- **IT** Ricamare con 1 filo.
- **NL** Met 1 draadje splijtgaren borduren.
- **HU** Az osztott hímző 1 ágával hímezzünk.

A+B
- **D** *Konturen 1-fädig.
- **GB** *Use 1 strand for back stitch.
- **FR** *Contours avec 1 brin.
- **ES** *Contornos con 1 hilo.
- **IT** *Contorni con 1 filo.
- **NL** *Stiksteken met 1 draadje.
- **HU** *Kontúrok 1 rétegben.

Design 79356
Kissen/Cushion/Coussin
Almohada/Cuscino
Kussen/Párna
50 × 35 cm / 20 × 14 in
No. 16114.15.92
✂ 23 × 38 cm / 9 × 15 in
No. 16231.15.92
✂ 23 × 38 cm / 9 × 15 in
No. 16231.15.92
✂ 38 × 52 cm / 15 × 21 in
No. 21272.10.03
✂ 10 × 38 cm / 4 × 21 in
No. 7004.50.35
✂ 38 cm / 21 in

D 2-fädig sticken.
 *Konturen 1-fädig.
GB Stitch using 2 strands of embroidery thread.
 *Use 1 strand for back stitch.
FR A broder avec 2 brins.
 *Contours avec 1 brin.
ES Bordar con 2 hilos.
 *Contornos con 1 hilo.
IT Ricamare con 2 fili.
 *Contorni con 1 filo.
NL Met 2 draadjes splijt-garen borduren. *Stik-steken met 1 draadje.
HU Az osztott hímző 2 ágával hímezzünk.
 *Kontúrok 1 rétegben.

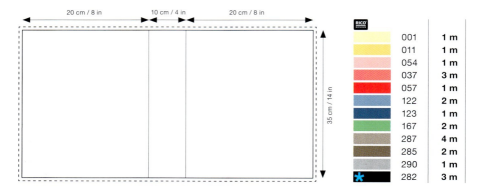

RICO		
	001	1 m
	011	1 m
	054	1 m
	037	3 m
	057	1 m
	122	2 m
	123	1 m
	167	2 m
	287	4 m
	285	2 m
	290	1 m
✱	282	3 m

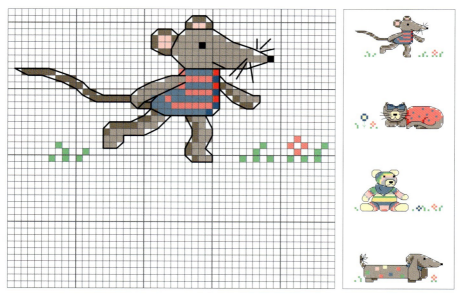

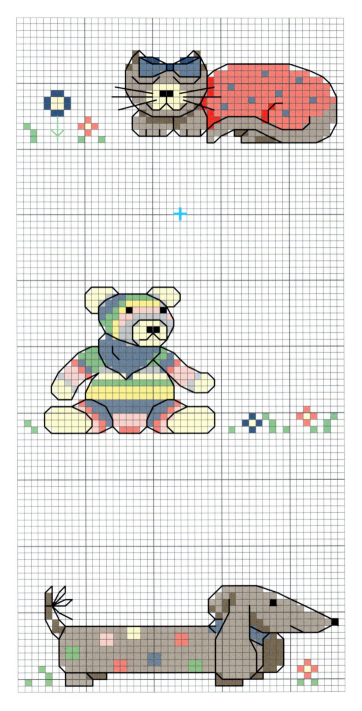

Design 79341

A Bademantel / Dressing gown / Peignoir de bain Albornoz / Accappatoio Badjasje / Fürdőköpeny
18 Monate / Months / Mois Meses / Mesi / Maanden Hónapok
No. 740245.00

B Kapuzentuch / Hooded bath towel / Sortie be bain Pañuelo de caperuza Canovaccio a cappuccio Babycape / Kapucnyis kendő
80 × 70 cm / 32 × 28 in
No. 740245.65

C Ärmellätzchen / Bib with sleeves / Bavette avec manches / Babero con mangas Bavaglino con maniche Slabbetje met mouwen Ujjas előke
40 × 49 cm / 16 × 19 in
No. 740245.76

D Lätzchen / Bib
Bavette / Baberoi
Bavaglinoi / Slabbetje
Előke
30 × 34 cm / 12 × 13 in
No. 740245.70

E Waschlappen / Wash cloth / Lavette / Manopla de baño / Strofinaccio Washandje / Mosókesztyű
30 × 30 cm / 12 × 12 in
No. 740245.78

F Waschhandschuh / Wash mitten / Gant de toilette Manopla / Spugnetta / Washandschoen / Mosókesztyű
15 × 21 cm / 6 × 8 in
No. 740245.73

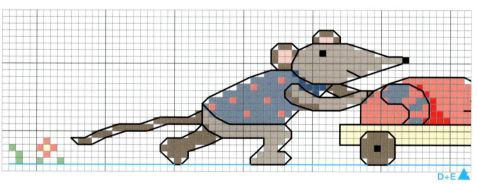

D+E

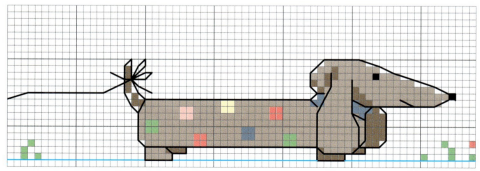

Design 79351

G Lätzchen / Bib
Bavette / Baberoi
Bavaglinoi / Slabbetje
Előke
23 × 28 cm / 9 × 11 in
No. 740247.70

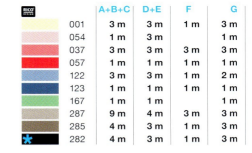

		A+B+C	D+E	F	G
		001	3 m	3 m	1 m	3 m
		054	1 m	3 m		1 m
		037	3 m	3 m	3 m	3 m
		057	1 m	1 m	1 m	1 m
		122	3 m	3 m	1 m	2 m
		123	1 m	1 m	1 m	1 m
		167	1 m	1 m		1 m
		287	9 m	4 m	3 m	3 m
		285	4 m	3 m	1 m	3 m
		282	4 m	3 m	1 m	3 m

D 3-fädig sticken.
*Konturen 1-fädig.

GB Stitch using 3 strands of embroidery thread.
*Use 1 strand for back stitch.

FR A broder avec 3 brins.
*Contours avec 1 brin.

ES Bordar con 3 hilos.
*Contornos con 1 hilo.

IT Ricamare con 3 fili.
*Contorni con 1 filo.

NL Met 3 draadjes splijt- garen borduren. *Stik- steken met 1 draadje.

HU Az osztott hímző 3 ágával hímezzünk.
*Kontúrok 1 rétegben.

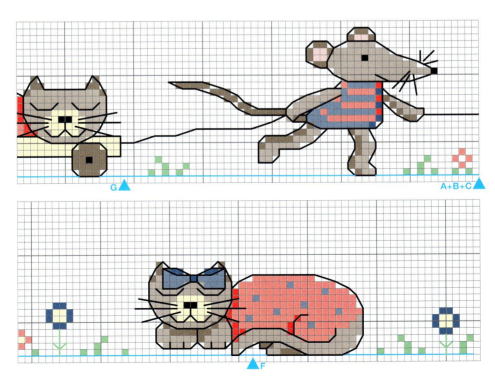

Design 79337

A Bademantel/Dressing
gown/Peignoir de bain
Albornoz/Accappatoio
Badjasje/Fürdőköpeny
18 Monate/Months/Mois
Meses/Mesi/Maanden
Hónapok
No. 740246.00

B Kapuzentuch/Hooded
bath towel/Sortie be bain
Pañuelo de caperuza
Canovaccio a cappuccio
Babycape/Kapucnyis kendő
80 × 70 cm/32 × 28 in
No. 740246.65

C Ärmellätzchen/Bib with
sleeves/Bavette avec man-
ches/Babero con mangas
Bavaglino con maniche
Slabbetje met mouwen
Ujjas előke
40 × 49 cm/16 × 19 in
No. 740246.76

D Lätzchen/Bib
Bavette/Baberoi
Bavaglinoi/Slabbetje
Előke
30 × 34 cm/12 × 13 in
No. 740246.70

E Waschlappen/Wash
cloth/Lavette/Manopla
de baño/Strofinaccio
Washandje/Mosókesztyű
30 × 30 cm/12 × 12 in
No. 740246.78

F Waschhandschuh/Wash
mitten/Gant de toilette
Manopla/Spugnetta/Was-
handschoen/Mosókesztyű
15 × 21 cm/6 × 8 in
No. 740246.73

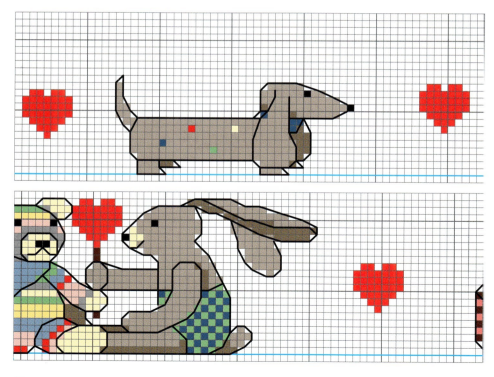

D	3-fädig sticken. *Konturen 1-fädig.
GB	Stitch using 3 strands of embroidery thread. *Use 1 strand for back stitch.
FR	A broder avec 3 brins. *Contours avec 1 brin.
ES	Bordar con 3 hilos. *Contornos con 1 hilo.
IT	Ricamare con 3 fili. *Contorni con 1 filo.
NL	Met 3 draadjes splijt- garen borduren. *Stik- steken met 1 draadje.
HU	Az osztott hímző 3 ágával hímezzünk. *Kontúrok 1 rétegben.

		A+B+C	D+E	F
	001	3 m	2 m	3 m
	011	2 m	1 m	2 m
	054	3 m	1 m	2 m
	037	1 m		
	057	4 m	3 m	2 m
	058	2 m	1 m	
	122	3 m	2 m	2 m
	123	1 m	1 m	
	167	3 m	2 m	2 m
	287	7 m	4 m	
	285	3 m	3 m	
	281	2 m	1 m	
	290	2 m	1 m	2 m
*	282	4 m	3 m	2 m

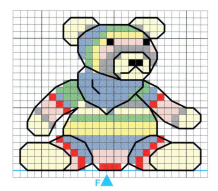

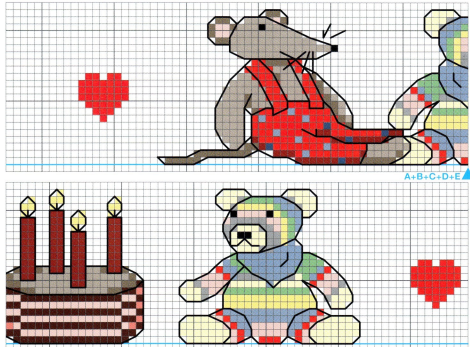

41

Design 79339

A Bademantel / Dressing
gown / Peignoir de bain
Albornoz / Accappatoio
Badjasje / Fürdőköpeny
18 Monate / Months / Mois
Meses / Mesi / Maanden
Hónapok
No. 740245.00

B Kapuzentuch / Hooded
bath towel / Sortie be bain
Pañuelo de caperuza
Canovaccio a cappuccio
Babycape / Kapucnyis kendő
80 × 70 cm / 32 × 28 in
No. 740245.65

C Ärmellätzchen / Bib with
sleeves / Bavette avec man-
ches / Babero con mangas
Bavaglino con maniche
Slabbetje met mouwen
Ujjas előke
40 × 49 cm / 16 × 19 in
No. 740245.76

D Lätzchen / Bib
Bavette / Baberoi
Bavaglinoi / Slabbetje
Előke
30 × 34 cm / 12 × 13 in
No. 740245.70

E Waschlappen / Wash
cloth / Lavette / Manopla
de baño / Strofinaccio
Washandje / Mosókesztyű
30 × 30 cm / 12 × 12 in
No. 740245.78

F Waschhandschuh / Wash
mitten / Gant de toilette
Manopla / Spugnetta / Was-
handschoen / Mosókesztyű
15 × 21 cm / 6 × 8 in
No. 740245.73

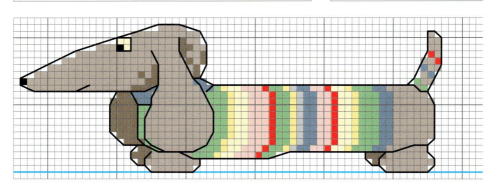

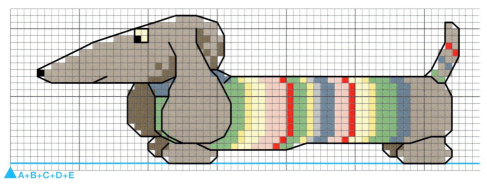

▲ A+B+C+D+E

Design 79350

G Lätzchen/Bib
Bavette/Baberoi
Bavaglinoi/Slabbetje
Előke
23 × 28 cm/9 × 11 in
No. 740247.70

RICO		A+B+C	D+E	F+G
	001	3 m	1 m	1 m
	011	2 m	1 m	
	054	3 m	2 m	1 m
	057	2 m	1 m	1 m
	122	3 m	2 m	1 m
	167	3 m	3 m	1 m
	287	20 m	11 m	7 m
	285	3 m	3 m	1 m
	290	1 m	1 m	
*	282	4 m	3 m	1 m

D 3-fädig sticken.
*Konturen 1-fädig.
GB Stitch using 3 strands of embroidery thread.
*Use 1 strand for back stitch.
FR A broder avec 3 brins.
*Contours avec 1 brin.
ES Bordar con 3 hilos.
*Contornos con 1 hilo.
IT Ricamare con 3 fili.
*Contorni con 1 filo.
NL Met 3 draadjes splijtgaren borduren. *Stiksteken met 1 draadje.
HU Az osztott hímző 3 ágával hímezzünk.
*Kontúrok 1 rétegben.

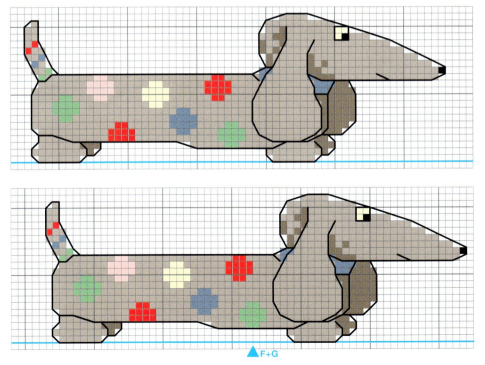

▲F+G

Design 79338

A Bademantel/Dressing
gown/Peignoir de bain
Albornoz/Accappatoio
Badjasje/Fürdőköpeny
18 Monate/Months/Mois
Meses/Mesi/Maanden
Hónapok
No. 740246.00

B Kapuzentuch/Hooded
bath towel/Sortie be bain
Pañuelo de caperuza
Canovaccio a cappuccio
Babycape/Kapucnyis kendő
80 × 70 cm/32 × 28 in
No. 740246.65

C Ärmellätzchen/Bib with
sleeves/Bavette avec man-
ches/Babero con mangas
Bavaglino con maniche
Slabbetje met mouwen
Ujjas előke
40 × 49 cm/16 × 19 in
No. 740246.76

D Lätzchen/Bib
Bavette/Baberoi
Bavaglinoi/Slabbetje
Előke
30 × 34 cm/12 × 13 in
No. 740246.70

E Waschlappen/Wash
cloth/Lavette/Manopla
de baño/Strofinaccio
Washandje/Mosókesztyű
30 × 30 cm/12 × 12 in
No. 740246.78

F Waschhandschuh/Wash
mitten/Gant de toilette
Manopla/Spugnetta/Was-
handschoen/Mosókesztyű
15 × 21 cm/6 × 8 in
No. 740246.73

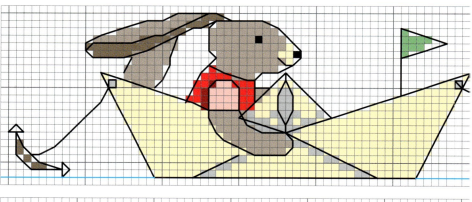
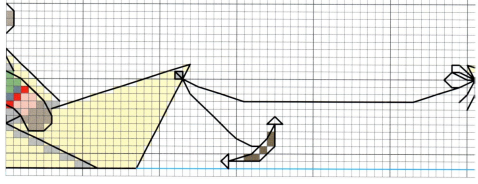

D 3-fädig sticken.
*Konturen 1-fädig.

GB Stitch using 3 strands of embroidery thread. *Use 1 strand for back stitch.

FR A broder avec 3 brins. *Contours avec 1 brin.

ES Bordar con 3 hilos. *Contornos con 1 hilo.

IT Ricamare con 3 fili. *Contorni con 1 filo.

NL Met 3 draadjes splijtgaren borduren. *Stiksteken met 1 draadje.

HU Az osztott hímző 3 ágával hímezzünk. *Kontúrok 1 rétegben.

		A+B+C	D+E	F
	001	12 m	9 m	4 m
	011	1 m	1 m	1 m
	054	1 m	1 m	1 m
	057	2 m	1 m	1 m
	058	1 m	1 m	
	122	1 m	1 m	1 m
	123	1 m	1 m	1 m
	167	1 m	1 m	1 m
	287	4 m	3 m	1 m
	285	2 m	2 m	1 m
	290	3 m	2 m	1 m
✱	282	4 m	3 m	2 m

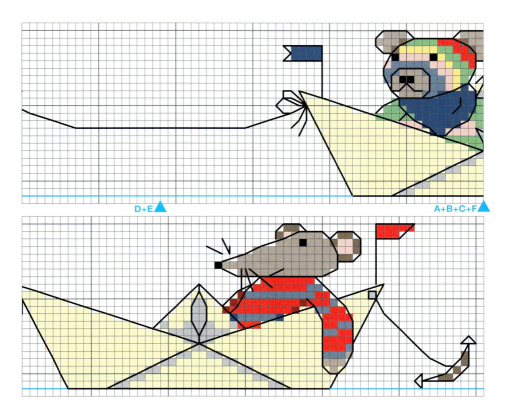

Design 79340

A Bademantel / Dressing
gown / Peignoir de bain
Albornoz / Accappatoio
Badjasje / Fürdőköpeny
18 Monate / Months / Mois
Meses / Mesi / Maanden
Hónapok
No. 740244.00

B Kapuzentuch / Hooded
bath towel / Sortie be bain
Pañuelo de caperuza
Canovaccio a cappuccio
Babycape / Kapucnyis kendő
80 × 70 cm / 32 × 28 in
No. 740244.65

C Ärmellätzchen / Bib with
sleeves / Bavette avec man-
ches / Babero con mangas
Bavaglino con maniche
Slabbetje met mouwen
Ujjas előke
40 × 49 cm / 16 × 19 in
No. 740244.76

D Lätzchen / Bib
Bavette / Baberoi
Bavaglinoi / Slabbetje
Előke
30 × 34 cm / 12 × 13 in
No. 740244.70

E Waschlappen / Wash
cloth / Lavette / Manopla
de baño / Strofinaccio
Washandje / Mosókesztyű
30 × 30 cm / 12 × 12 in
No. 740244.78

F Waschhandschuh / Wash
mitten / Gant de toilette
Manopla / Spugnetta / Was-
handschoen / Mosókesztyű
15 × 21 cm / 6 × 8 in
No. 740244.73

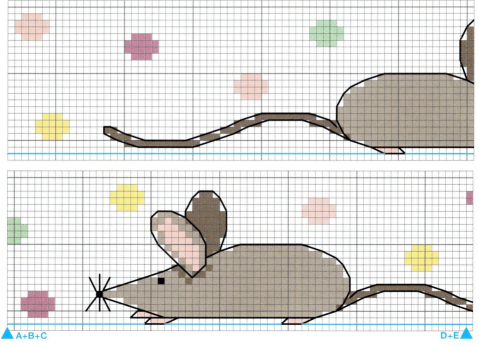

▲ A+B+C   D+E ▲

D 3-fädig sticken.
  *Konturen 1-fädig.
GB Stitch using 3 strands
  of embroidery thread.
  *Use 1 strand for back
  stitch.
FR A broder avec 3 brins.
  *Contours avec 1 brin.
ES Bordar con 3 hilos.
  *Contornos con 1 hilo.

IT Ricamare con 3 fili.
  *Contorni con 1 filo.
NL Met 3 draadjes splijt-
  garen borduren. *Stik-
  steken met 1 draadje.
HU Az osztott hímző 3
  ágával hímezzünk.
  *Kontúrok 1 rétegben.

		A+B+C	**D+E**	**F**
	011	2 m	2 m	
	054	3 m	3 m	2 m
	166	2 m	2 m	
	101	2 m	2 m	
	287	12 m	5 m	3 m
	288	4 m	3 m	2 m
*	295	3 m	3 m	2 m

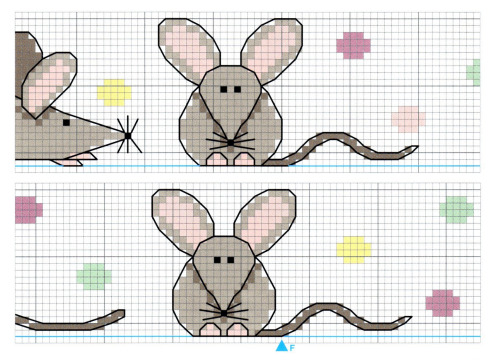

Design 79346

Heftumschlag/Envelope
Enveloppe/Sobre/Busta/Envelop/Boríték
16,5 × 23 cm/6,5 × 9 in
No. 16247.50.00

- **D** 2-fädig sticken.
  *Konturen 1-fädig.
- **GB** Stitch using 2 strands of embroidery thread.
  *Use 1 strand for back stitch.
- **FR** A broder avec 2 brins.
  *Contours avec 1 brin.
- **ES** Bordar con 2 hilos.
  *Contornos con 1 hilo.
- **IT** Ricamare con 2 fili.
  *Contorni con 1 filo.
- **NL** Met 2 draadjes splijtgaren borduren. *Stiksteken met 1 draadje.
- **HU** Az osztott hímző 2 ágával hímezzünk.
  *Kontúrok 1 rétegben.

	001	1 m
	011	1 m
	054	1 m
	037	2 m
	057	1 m
	167	1 m
	122	1 m
	123	1 m
	287	3 m
	285	1 m
	281	1 m
	290	1 m
*	282	2 m

Design 79349

Lätzchen/Bib
Bavette/Baberoi
Bavaglinoi/Slabbetje
Előke
23 × 28 cm/9 × 11 in
No. 740247.70

- **D** 3-fädig sticken.
  *Konturen 1-fädig.
- **GB** Stitch using 3 strands of embroidery thread.
  *Use 1 strand for back stitch.
- **FR** A broder avec 3 brins.
  *Contours avec 1 brin.
- **ES** Bordar con 3 hilos.
  *Contornos con 1 hilo.
- **IT** Ricamare con 3 fili.
  *Contorni con 1 filo.
- **NL** Met 3 draadjes splijtgaren borduren. *Stiksteken met 1 draadje.
- **HU** Az osztott hímző 3 ágával hímezzünk.
  *Kontúrok 1 rétegben.

	001	3 m
	011	2 m
	054	2 m
	037	3 m
	057	1 m
	167	2 m
	122	3 m
	123	1 m
	287	5 m
	285	3 m
	281	1 m
	290	2 m
*	282	3 m

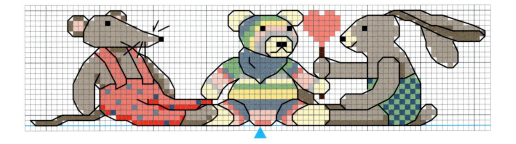

Design 79345

Gästehandtuch/Guest towel/Serviette invitée Toalla de invitados/Asciugamano ospiti/Gastendoek Vendégtörülköző
30 × 50 cm / 12 × 20 in
No. 740245.61

- **D** 3-fädig sticken.
  *Konturen 1-fädig.
- **GB** Stitch using 3 strands of embroidery thread.
  *Use 1 strand for back stitch.
- **FR** A broder avec 3 brins.
  *Contours avec 1 brin.
- **ES** Bordar con 3 hilos.
  *Contornos con 1 hilo.
- **IT** Ricamare con 3 fili.
  *Contorni con 1 filo.
- **NL** Met 3 draadjes splijtgaren borduren. *Stiksteken met 1 draadje.
- **HU** Az osztott hímző 3 ágával hímezzünk.
  *Kontúrok 1 rétegben.

	001	3 m
	011	3 m
	054	3 m
	037	3 m
	122	3 m
	123	3 m
	101	3 m
	167	3 m
	290	2 m
*	282	2 m

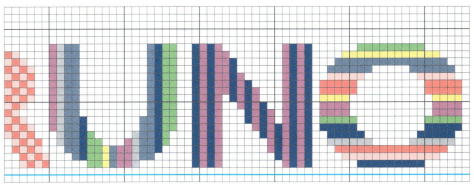

Design 79345
Handtuch / Hand towel
Serviette / Toalla / Asciuga-
mano / Handdoek / Törülköz
50 × 100 cm / 20 × 40 in
No. 740245.18

D 3-fädig sticken.
  *Konturen 1-fädig.
GB Stitch using 3 strands
  of embroidery thread.
  *Use 1 strand for back
  stitch.
FR A broder avec 3 brins.
  *Contours avec 1 brin.
ES Bordar con 3 hilos.
  *Contornos con 1 hilo.
IT Ricamare con 3 fili.
  *Contorni con 1 filo.
NL Met 3 draadjes splijt-
  garen borduren. *Stik-
  steken met 1 draadje.
HU Az osztott hímző 3
  ágával hímezzünk.
  *Kontúrok 1 rétegben.

	001	4 m
	011	3 m
	054	4 m
	037	5 m
	057	2 m
	167	3 m
	122	5 m
	123	2 m
	287	23 m
	285	4 m
	290	2 m
*	282	4 m

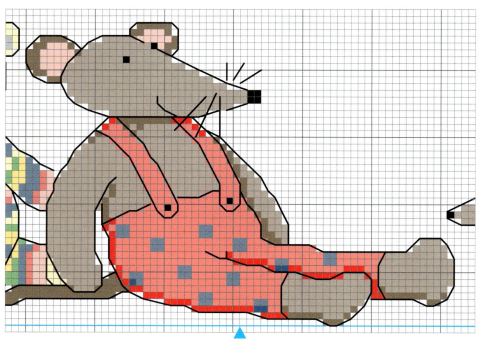

Design 79336
Handtuch / Hand towel
Serviette / Toalla / Asciuga-
mano / Handdoek / Törülköz
50 × 100 cm / 20 × 40 in
No. 740246.18

D 3-fädig sticken.
 *Konturen 1-fädig.
GB Stitch using 3 strands
 of embroidery thread.
 *Use 1 strand for back
 stitch.

FR A broder avec 3 brins.
 *Contours avec 1 brin.
ES Bordar con 3 hilos.
 *Contornos con 1 hilo.
IT Ricamare con 3 fili.
 *Contorni con 1 filo.
NL Met 3 draadjes splijt-
 garen borduren. *Stik-
 steken met 1 draadje.
HU Az osztott hímző 3
 ágával hímezzünk.
 *Kontúrok 1 rétegben.

	001	3 m
	011	1 m
	054	5 m
	037	3 m
	057	7 m
	058	3 m
	150	2 m
	151	1 m
	167	2 m
	287	20 m
	285	4 m
	281	2 m
*	282	4 m

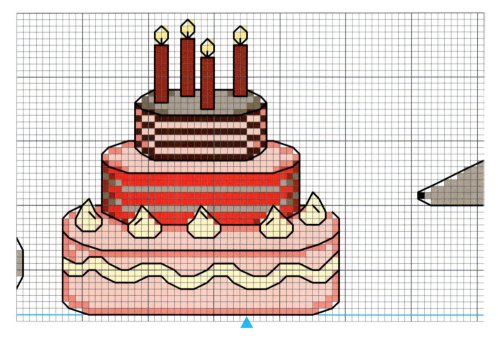

Design 79336

Gästehandtuch/Guest towel/Serviette invitée
Toalla de invitados/Asciugamano ospiti/Gastendoek
Vendégtörülköző
30 × 50 cm / 12 × 20 in
No. 740246.61

- **D** 3-fädig sticken.
  *Konturen 1-fädig.
- **GB** Stitch using 3 strands of embroidery thread.
  *Use 1 strand for back stitch.
- **FR** A broder avec 3 brins.
  *Contours avec 1 brin.
- **ES** Bordar con 3 hilos.
  *Contornos con 1 hilo.
- **IT** Ricamare con 3 fili.
  *Contorni con 1 filo.
- **NL** Met 3 draadjes splijtgaren borduren. *Stiksteken met 1 draadje.
- **HU** Az osztott hímző 3 ágával hímezzünk.
  *Kontúrok 1 rétegben.

	001	1 m
	011	1 m
	054	2 m
	057	4 m
	150	3 m
	151	1 m
	167	3 m
	287	7 m
	285	3 m
✳	282	2 m

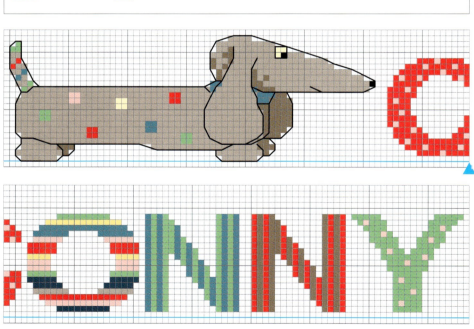

Design 79342

Gästehandtuch / Guest towel / Serviette invitée Toalla de invitados / Asciugamano ospiti / Gastendoek Vendégtörülközö
30 × 50 cm / 12 × 20 in
No. 740244.61

- **D** 3-fädig sticken.
  *Konturen 1-fädig.
- **GB** Stitch using 3 strands of embroidery thread.
  *Use 1 strand for back stitch.
- **FR** A broder avec 3 brins.
  *Contours avec 1 brin.
- **ES** Bordar con 3 hilos.
  *Contornos con 1 hilo.
- **IT** Ricamare con 3 fili.
  *Contorni con 1 filo.
- **NL** Met 3 draadjes splijtgaren borduren. *Stiksteken met 1 draadje.
- **HU** Az osztott hímző 3 ágával hímezzünk.
  *Kontúrok 1 rétegben.

001	2 m
071	2 m
101	2 m
152	3 m
153	2 m
166	2 m
287	4 m
288	2 m
294	2 m
* 295	3 m

Design 79342

Handtuch / Hand towel
Serviette / Toalla / Asciuga-
mano / Handdoek / Törülköz
50 × 100 cm / 20 × 40 in
No. 740244.18

- **D** 3-fädig sticken.
  *Konturen 1-fädig.
- **GB** Stitch using 3 strands
  of embroidery thread.
  *Use 1 strand for back
  stitch.
- **FR** A broder avec 3 brins.
  *Contours avec 1 brin.
- **ES** Bordar con 3 hilos.
  *Contornos con 1 hilo.
- **IT** Ricamare con 3 fili.
  *Contorni con 1 filo.
- **NL** Met 3 draadjes splijt-
  garen borduren. *Stik-
  steken met 1 draadje.
- **HU** Az osztott hímző 3
  ágával hímezzünk.
  *Kontúrok 1 rétegben.

	001	3 m
	054	3 m
	071	3 m
	101	3 m
	152	4 m
	153	3 m
	166	2 m
	287	15 m
	288	3 m
	294	2 m
*	295	4 m

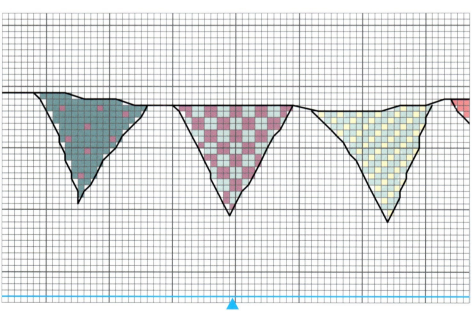

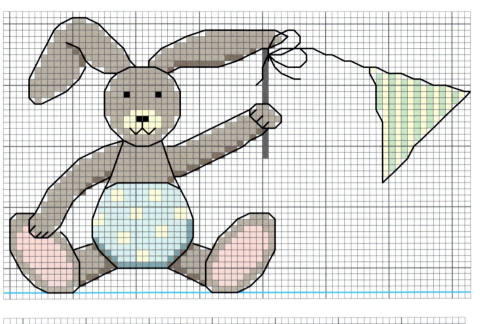
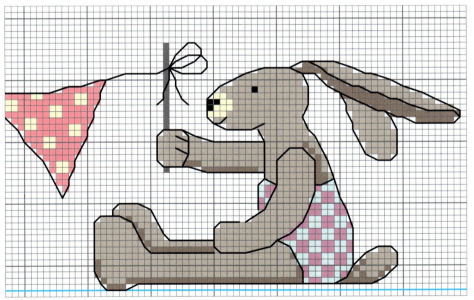

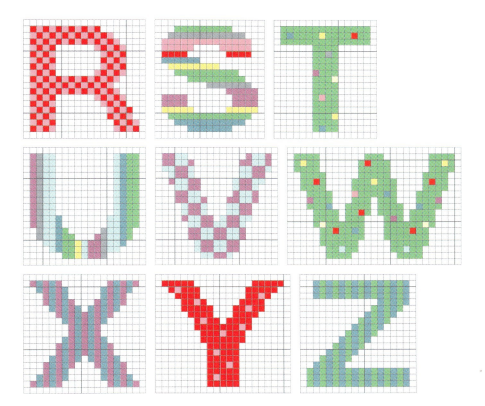

D Solufixanleitung auf Seite 62	**D** Wimpelkette 3-fädig sticken.
GB Solufix instructions page 62	**GB** **Pennant** stitch using 3 strands of embroidery thread.
FR Instructions pour l'utilisation de Solufix page 62	**FR** Guirlande de fanions a broder avec 3 brins.
ES Manual Solufix página 62	**ES** **Cadena de banderines** bordar con 3 hilos.
IT Istruzioni Solufix pagina 62	**IT** **Ghirlanda di bandierine** ricamare con 3 fili.
NL Solufix instructie pagina 62	**NL** **Vlaggenlijn** met 3 draadjes splijtgaren borduren.
HU Solufix útmutató oldal 62	**HU** **Zászlófüzér** az osztott hímző 3 ágával hímezzünk.

FARBKARTE/COLOR CARD/CARTE DE COLORIS/CARTA DE COLORES/CAMPIONARIO DEI COLORI/KLEURKAART/SZÍNKÁRTYA

RICO No. 2011	Anchor	DMC	RICO No. 2011	Anchor	DMC	RICO No. 2011	Anchor	DMC	RICO No. 2011	Anchor	DMC
001	1	B5200	039	46	666	077	62	602	115	122	3807
002	2	Blanc	040	47	321	078	63	600	116	123	791
003	926	3865	041	20	816	079	65	150	117	130	809
004	292	3078	042	22	814	080	85	3609	118	131	798
005	293	727	043	893	225	081	86	3608	119	132	797
006	295	726	044	894	152	082	87	3607	120	134	820
007	297	725	045	895	223	083	89	718	121	128	800
008	298	972	046	896	3721	084	271	819	122	145	813
009	386	746	047	897	902	085	968	778	123	148	826
010	300	3823	048	1020	3713	086	969	316	124	149	311
011	301	745	049	1021	761	087	970	3726	125	150	939
012	302	743	050	1022	760	088	972	315	126	1031	3753
013	303	742	051	1023	3712	089	1016	778	127	1033	3752
014	311	3855	052	1024	3328	090	1017	3727	128	1034	931
015	313	3854	053	1025	347	091	1018	3726	129	1035	3750
016	314	741	054	23	963	092	1019	315	130	920	932
017	316	740	055	25	3326	093	869	3743	131	921	930
018	305	3822	056	27	899	094	870	3042	132	274 / 1037	3756
019	306	728	057	29	335	095	871	3041	133	848	928
020	307	783	058	1005	498	096	872	3740	134	849	927
021	309	782	059	36	3716	097	873		135	850	926
022	310	780	060	38	961	098	103	153	136	779	3768
023	323	722	061	42	3831	099	95	153	137	851	924
024	324	721	062	43	777	100	96		138	975	3756
025	326	720	063	45	902	101	97	554	139	976	3841
026	328	3341	064	48	818	102	99	553	140	977	3755
027	330	3340	065	73	151	103	101	552	141	978	3760
028	333	608	066	74	3354	104	102	550	142	979	517
029	335	606	067	75	3733	105	342	211	143	159	775
030		349	068	76	3350	106	108	210	144	160	3325
031		817	069	78	150	107	109	209	145	161	334
032	8	353	070	1028	3685	108	110	208	146	162	3842
033	9	352	071	66	3688	109	112	327	147	158	747
034	10	351	072	68	3687	110	117	341	148	167	598
035	13	304	073	69	3803	111	118	340	149	168	3810
036	31	3708	074	70	154	112	119	333	150	169	3765
037	33	3706	075	72	154	113	120	157	151	170	
038	35	3801	076	60	604	114	121	794	152	1060	747

RICO No. 2011	Anchor	DMC	RICO No. 2011	Anchor	DMC	RICO No. 2011	Anchor	DMC	RICO No. 2011	Anchor	DMC
153	1062	3766	191	261	3347	229	1086	839	267	1047	3854
154	1064	807	192	262	3363	230	372	739	268	1048	3853
155	1066	3809	193	263	520	231	373	437	269	351	400
156	1068	3808	194	1043	369	232	374	435	270	347	945
157	1090	996	195	240	368	233	375	434	271	349	3776
158	433	3843	196	243	367	234	944	433	272	357	300
159	410	995	197	246	890	235	891	676	273	387	Ecru
160	185	964	198	264	772	236	890	729	274	366	739
161	187	959	199	265		237	901	3829	275	367	738
162	188	3812	200	266	471	238	361	712	276	368	437
163	189	3847	201	267	470	239	362	738	277	369	436
164	203	954	202	268	3346	240	1045	437	278	370	434
165	205	911	203	269	895	241	1046	436	279	371	433
166	206	955	204	254	166	242	1002	976	280	358	801
167	208	563	205	255	581	243	1001	3826	281	360	938
168	210	562	206	256	905	244	1003	922	282	381	3371
169	211	3818	207	258	904	245	1004	920	283	390	3033
170	875	3813	208	278	165	246	778	948	284	392	3782
171	876	502	209	279	3819	247	4146	3771	285	393	3790
172	878	501	210	280	733	248	1008	3859	286	231	453
173	213		211	281	732	249	1007	3772	287	232	452
174	214	3813	212	842	3013	250	936	632	288	233	451
175	215	503	213	843	3012	251	276	3774	289	234	762
176	216	502	214	845	3011	252	933	950	290	235	415
177	217	501	215	846	936	253	376	407	291	397	3024
178	218	500	216	852	613	254	378	3772	292	398	318
179	226	703	217	853		255	336	3825	293	399	414
180	227	702	218	854		256	338	922	294	400	317
181	229	700	219	855	612	257	339	920	295	401	3799
182	900	647	220	856	611	258	341	918	296	403	310
183	8581	646	221	945	834	259	1010	3770			
184	858	524	222	886	677	260	1011	948			
185	859	3053	223	887	3046	261	1012	754			
186	860	3052	224	888	3045	262	868	3779			
187	861	3051	225	889	869	263	9575				
188	862	935	226	1080	543	264	1013	3778			
189	259	772	227	1082	842	265	5975	3830			
190	260	3348	228	1084	841	266	1014	3777			

No. 2011.001 - 296
2 g / 8 m / 9 yd
100% Baumwolle / Cotton
Coton / Algodón / Cotone
Katoen / Pamut
210 dtex × 2 × 6

CONFIDENCE IN TEXTILES
Tested for harmful substances
according to Oeko-Tex® Standard 100
95.0.4919   Hohenstein

METALLIC

RICO DESIGN No. 2011 No. 20	Anchor	DMC	
921	300	E 677	45% Polyamid/Polyamide/Polyamide/Poliamida/Polyamide/Polyamide/Poliamid. 55% metallisiertes Polyester/Metallised Polyester/Polyester métallic/Poliéster metalizado/Poliestere metallizzato/Gemetalliseerd polyester/Fémmel bevont poliészter.
922	301	E 168	

RICO DESIGN No. 2011 No. 40	Anchor	DMC	
941	300	E 3821	70% Polyamid/Polyamide/Polyamide/Poliamida/Polyamide/Polyamide/Poliamid. 30% metallisiertes Polyester/Metallised Polyester/Polyester métallic/Poliéster metalizado/Poliestere metallizzato/Gemetalliseerd polyester/Fémmel bevont poliészter.
942	301	E 168	
943	314	E 301	

RICO DESIGN No. 2011 No. 04		
944		60% Viskose/Viscose/Viscose/Viscosa/Viscose/Viscose/Viszkóz. 40% Polyamid/Polyamide/Polyamide/Poliamida/Polyamide/Polyamide/Poliamid.
945		
946		

D / Bitte beachten Sie, daß die abgebildeten Farben lediglich Richtwerte sind. Geringe Farbabweichungen im Druck können technisch bedingt nicht immer ausgeschlossen werden. Aus drucktechnischen Gründen ist eine 100%ige Reproduktion der Originalfarben nicht möglich. Alle Firmen- und Produktnamen sind Warenzeichen der entsprechenden Firmen und dienen lediglich der Zuordnung der Kompatibilitäten.
GB / Please note: This printed color card is a guide only, and accuracy of thread color is as close as printing and photography allows. For printing reasons a 100% reproduction of the original colours is not possible. All brands and product names are the trademarks of the company and serve the purpose of classification and compatibility.
FR / Veuillez noter que les couleurs illustrées ne sont que des éléments d'évaluation. Pour des raisons techniques, il n'est pas toujours possible, lors de l'impression des couleurs, d'exclure de légères différences de nuances. Pour des raisons d'impression technique il n'est pas possible de reproduire les couleurs originales à 100%. Tous les noms d'entreprises et de produit sont des marques déposées des entreprises correspondantes et servent uniquement à l'attribution des compatibilités.
ES / Tenga en cuenta que los colores mostrados sólo son indicativos. Pequeñas variaciones de color en la impresión no siempre se pueden prevenir por razones técnicas. Por razones técnicas de impresión no es posible una reproducción al 100% de los colores originales. Todos los nombres de compañías y productos son marcas comerciales de sus respectivas compañías y sólo sirven para la asignación de compatibilidades.
IT / Attenzione, i colori rappresentati sono puramente indicativi. Piccole differenze di colore sono possibili e sono dovute a motivi tecnici legati alla stampa. Per motivi tecnici legati alla stampa non è possibile una riproduzione dei colori che rispetti al 100% l'originale Tutti i nomi delle aziende e dei prodotti sono marchi registrati delle rispettive aziende e servono esclusivamente ad individuare le compatibilità.
NL / Denk er alstublieft aan, dat de afgebeelde kleuren slechts richtwaarden zijn. Geringe kleurafwijkingen in de druk kunnen op basis van de techniek helaas niet altijd worden uitgesloten. Vanwege druktechnische redenen is een reproductie van de originele kleuren niet voor de volle 100% mogelijk. Alle bedrijfs- en productnamen zijn handelsmerken van de desbetreffende firma's en zijn uitsluitend bedoeld voor het classificeren van de compatibiliteiten.
HU / Kérjük, vegye figyelembe, hogy az itt bemutatott szinek csak irányadóak. A nyomtatásban megjelent csekély mértékű szineltérések technikai okok miatt nem mindig záráthatóak ki. Nyomdatechnikai okok miatt az eredeti szinek 100 százalékos reprodukciója nem lehetséges. Az összes cég- és terméknév a megfelelő cég védjegye és csakis a kompatibilitások hozzárendeléséhez szolgál.

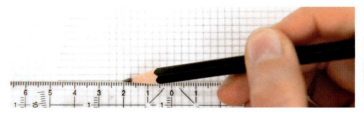

D / Solufix Anleitung (Wimpelkette)
Ein Kreuzstichgitter auf das Solufix übertragen (3mm) und an der gewünschten Stelle aufkleben. Damit die Stickerei gleichmäßig gearbeitet werden kann, den Stoff in einen Stickrahmen einspannen. Das Motiv 3-fädig aussticken. Wenn das Motiv fertig gestickt ist, das Solufix handwarm mit Wasser auswaschen.

GB / Solufix Instructions (Pennant)
Transfer a cross stitch graph on to the Solufix (3mm) and then place where desired. To keep stitches even, place the fabric in an embroidery ring when stitching. Stitch 3-ply. When the design is completely embroidered, wash the Solufix out with lukewarm water.

FR / Instructions pour l'utilisation de Solufix (guirlande de fanions)
Reporter une grille de point de croix sur l'entoilage Solufix (3mm) et le coller sur l'endroit souhaité. Afin que la broderie soit travaillée uniformément, tendre le tissu dans un anneau/un cadre de broderie. Broder le motif avec 3 fils. Une fois la broderie terminée, enlever le Solufix avec de l'eau tiède.

ES / Manual Solufix (cadena de banderines)
Trasladar una rejilla de punto de cruz al Solufix (3mm) y pegarla en el lugar deseado. Para que el bordado se pueda trabajar uniformemente, fijar la tela en un bastidor de bordar. Bordar el motivo con 3 hilos. Cuando el motivo esté bordado por completo, lavar Solufix con agua tibia.

IT / Istruzioni Solufix (ghirlanda di bandierine)
Trasferire uno schema per il punto a croce sul Solufix (3mm) ed incollarlo sul punto desiderato. Fissare il tessuto in un telaio da ricamo di modo che il ricamo possa essere lavorato uniformemente. Ricamare il motivo a 3 fili. Dopo che il motivo è stato ricamato, sciacquare il Solufix con acqua tiepida.

NL / Solufix instructie (vlaggenlijn)
Een kruissteekpatroon op het Solufix overtrekken (3mm) en op de gewenste plaats plakken. De stof in een borduurraam spannen, zodat het werk gelijkmatig geborduurd kan worden. Het motief met een 3-voudige draad opvullen. Nadat het motief klaar is, het Solufix met handwarm water uitwassen.

HU / Solufix útmutató (zászlófüzér)
Vigyen fel egy keresztszemes hímzésmintát a Solufixre (3mm), majd ragassza fel a kívánt helyen. Az egyenletes hímzés érdekében fogja be az anyagot egy hímzőkeretbe. 3 szálat használva hímezze ki a mintát. Ha elkészült a hímzett minta, mossa ki a Solufixet langyos vízzel.

Materialangabe

Materials/Liste des matériaux/Indicaciones relativas a los materialesi/Materiali/Materiaalijst/Szükséges anyagok

No. 740244... rosa/rose/rose/rosa/rosa/roze/rózsa
...**00** 18 Monate/Months/Mois/Meses/Mesi/Maanden/Hónapok
...**65** 80 × 70 cm/32 × 28 in ...**73** 15 × 21 cm/6 × 8 in
...**76** 40 × 49 cm/16 × 19 in ...**18** 50 × 100 cm/20 × 39 in
...**70** 30 × 34 cm/12 × 13 in ...**61** 30 × 50 cm/12 × 20 in
...**78** 30 × 30 cm/12 × 12 in ...**66** 70 × 140 cm/28 × 55 in

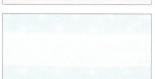

No. 740245... blau/blue/bleu/azul/blu/blauw/kék
...**00** 18 Monate/Months/Mois/Meses/Mesi/Maanden/Hónapok
...**65** 80 × 70 cm/32 × 28 in ...**73** 15 × 21 cm/6 × 8 in
...**76** 40 × 49 cm/16 × 19 in ...**18** 50 × 100 cm/20 × 39 in
...**70** 30 × 34 cm/12 × 13 in ...**61** 30 × 50 cm/12 × 20 in
...**78** 30 × 30 cm/12 × 12 in ...**66** 70 × 140 cm/28 × 55 in

No. 740246... beige/beige/beige/beige/beige/beige/bézs
...**00** 18 Monate/Months/Mois/Meses/Mesi/Maanden/Hónapok
...**65** 80 × 70 cm/32 × 28 in ...**73** 15 × 21 cm/6 × 8 in
...**76** 40 × 49 cm/16 × 19 in ...**18** 50 × 100 cm/20 × 39 in
...**70** 30 × 34 cm/12 × 13 in ...**61** 30 × 50 cm/12 × 20 in
...**78** 30 × 30 cm/12 × 12 in ...**66** 70 × 140 cm/28 × 55 in

100% Baumwolle/Cotton/Coton/Algodón/Cotone/Katoen/Pamut

No. 16231.15.92

Druckstoff/Fabric printed/Tissu imprime/Tela estampada/Stoffa stampata Drukstof/Nyomott anyag
160 cm Ballenbreite/Bale width 63 in wide/Largeur de la balle/Ancho del rollo Larghezza delle balle/Breedte van de bal/Bálaszélesség
Ballenlänge 5 m/Bale length 5,5 yd/Longueur de la balle/Largo del rollo/Lunghezza delle balle/Lengte van de bal/Bálahossz
100% Baumwolle/Cotton/Coton/Algodón/Cotone/Katoen/Pamut

No. 16232.15.92

Druckstoff/Fabric printed/Tissu imprime/Tela estampada/Stoffa stampata Drukstof/Nyomott anyag
160 cm Ballenbreite/Bale width 63 in wide/Largeur de la balle/Ancho del rollo Larghezza delle balle/Breedte van de bal/Bálaszélesség
Ballenlänge 5 m/Bale length 5,5 yd/Longueur de la balle/Largo del rollo/Lunghezza delle balle/Lengte van de bal/Bálahossz
100% Baumwolle/Cotton/Coton/Algodón/Cotone/Katoen/Pamut

No. 16114.15.92

Druckstoff/Fabric printed/Tissu imprime/Tela estampada/Stoffa stampata Drukstof/Nyomott anyag
160 cm Ballenbreite/Bale width 63 in wide/Largeur de la balle/Ancho del rollo Larghezza delle balle/Breedte van de bal/Bálaszélesség
Ballenlänge 5 m/Bale length 5,5 yd/Longueur de la balle/Largo del rollo/Lunghezza delle balle/Lengte van de bal/Bálahossz
100% Baumwolle/Cotton/Coton/Algodón/Cotone/Katoen/Pamut

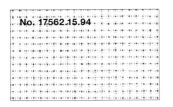

No. 17562.15.94

Zählstoff Aida / Aida Fabric / Toile Aida / Panamá Aida / Tessuto da ricamo Aida / Telstof Aida / Hímzővászon Aida
54 Stiche per 10 cm / 14 count / 54 points 10 cm / 54 puntos 10 cm / 54 punt 10 cm / 54 steken 10 cm / 54 öltés 10 cm
80 cm Ballenbreite / Bale width 31,5 in wide / Largeur de la balle / Ancho del rollo / Larghezza delle balle / Breedte van de bal / Bálaszélesség
Ballenlänge 5 m / Bale length 5,5 yd / Longueur de la balle / Largo del rollo / Lunghezza delle balle / Lengte van de bal / Bálahossz
100% Baumwolle / Cotton / Coton / Algodón / Cotone / Katoen / Pamut

No. 17564.15.97

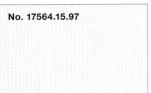

Zählstoff Aida / Aida Fabric / Toile Aida / Panamá Aida / Tessuto da ricamo Aida / Telstof Aida / Hímzővászon Aida
72 Stiche per 10 cm / 18 count / 72 points 10 cm / 72 puntos 10 cm / 72 punti 10 cm / 72 steken 10 cm / 72 öltés 10 cm
160 cm Ballenbreite / Bale width 63 in wide / Largeur de la balle / Ancho del rollo / Larghezza delle balle / Breedte van de bal / Bálaszélesség
Ballenlänge 5 m / Bale length 5,5 yd / Longueur de la balle / Largo del rollo / Lunghezza delle balle / Lengte van de bal / Bálahossz
100% Baumwolle / Cotton / Coton / Algodón / Cotone / Katoen / Pamut

No. 20072.00.12
*No. 20073.00.12

Aidaband / Aida band / Bande aida / Cinta aida / Nastro Aida / Aidaband / Aidaszalag
3 cm x 25 m / 1,2 in x 27 yd // *5 cm x 10 m / *2 in x 11 yd
60 Stiche per 10 cm / 15 count / 60 points 10 cm / 60 puntos 10 cm
60 punti 10 cm / 60 steken 10 cm / 60 öltés 10 cm
100% Baumwolle / Cotton / Coton / Algodón / Cotone / Katoen / Pamut

No. 21272.10.03

Aidaband / Aida band / Bande aida / Cinta aida / Nastro Aida / Aidaband / Aidaszalag
10 cm x 5 m / 4 in x 5,5 yd
60 Stiche per 10 cm / 15 count / 60 points 10 cm / 60 puntos 10 cm
60 punti 10 cm / 60 steken 10 cm / 60 öltés 10 cm
100% Baumwolle / Cotton / Coton / Algodón / Cotone / Katoen / Pamut

No. 20073.00.03

Aidaband / Aida band / Bande aida / Cinta aida / Nastro Aida / Aidaband / Aidaszalag
5 cm x 25 m / 2 in x 27 yd
60 Stiche per 10 cm / 15 count / 60 points 10 cm / 60 puntos 10 cm
60 punti 10 cm / 60 steken 10 cm / 60 öltés 10 cm
100% Baumwolle / Cotton / Coton / Algodón / Cotone / Katoen / Pamut